Confiança

The School of Life + Editora Nós

Confiança

I
Introdução
9

II
Idiotice e Confiança
13

III
Síndrome de Impostor
17

IV
Confiança no Sistema
25

V
A História é Agora
31

VI
Experiência
37

VII
Morte
45

VIII
Inimigos
51

IX
Autossabotagem
63

X
Confiança na Confiança
71

I
Introdução

Pode ser uma lição de humildade perceber quantas grandes conquistas não foram resultado de um talento superior ou de conhecimento técnico, mas simplesmente daquela estranha leveza da alma que chamamos de confiança.

Passamos um longo tempo adquirindo confiança em campos técnicos limitados: equações quadráticas ou bioengenharia; economia ou salto com vara. Mas deixamos de lado a necessidade primordial de adquirir uma gama de confiança mais ampla – uma que possa nos servir numa variedade de tarefas: falar com estranhos em festas, pedir alguém em casamento, sugerir ao passageiro ao lado que baixe a música, mudar o mundo.

Frequentemente nos falta confiança porque implicitamente a tomamos como uma questão de sorte irreproduzível e levemente bizarra. Algumas pessoas apenas são muito confiantes, por motivos que neurocientistas algum dia poderão descobrir. Mas dizemos a nós mesmos que não há muito o que podemos fazer sobre nossa situação em particular. Estamos presos ao nível de confiança com que nascemos.

Na verdade, é o oposto. Confiança é uma habilidade, não um presente de Deus. E é uma habilidade baseada num conjunto de ideias sobre o mundo e nosso lugar natural dentro dele.

Essas ideias podem ser sistematicamente estudadas e aprendidas gradualmente, para que as raízes da hesitação e da submissão excessivas possam ser superadas. Podemos nos ensinar a arte da confiança.

Confiança é uma habilidade,
não um presente de Deus.

II
Idiotice e Confiança

Em tentativas bem-intencionadas de aumentar nossa confiança antes de momentos desafiadores, com frequência tentamos focar em nossos pontos fortes: nossa inteligência, nossa competência ou experiência. Porém isso pode ter consequências delicadas. Há um tipo de subconfiança que surge quando ficamos presos demais à nossa própria dignidade e nos tornamos ansiosos ao redor de qualquer situação que pareça ameaçá-la. Nós recuamos de desafios nos quais exista qualquer risco de acabarmos parecendo ridículos – o que, é claro, compreende quase todas as situações mais interessantes.

Numa cidade estrangeira, relutamos em pedir indicação de bares legais, porque podem nos considerar um pobre turista perdido. Talvez queiramos beijar alguém, mas nunca nos permitimos, com medo de que nos desprezem como um predador perdedor. No trabalho, não buscamos uma promoção, pelo risco de que o gerente sênior nos considere arrogantes e iludidos. Numa aposta segura para não parecermos tolos, não nos aventuramos muito longe de nosso casulo. Consequentemente –

pelo menos de tempos em tempos –, perdemos as melhores oportunidades de nossas vidas.

No cerne de nossa baixa confiança há um retrato torto de como uma pessoa digna normal deve ser. Imaginamos que pode ser possível, após certa idade, nos colocarmos para além do ridículo. Confiamos que é uma opção levar uma boa vida sem fazermos papel de idiota regularmente.

Um dos livros mais encantadores escritos no começo da Europa Moderna foi *Elogio da loucura* (1509), do acadêmico e filósofo holandês Erasmo. Em suas páginas, Erasmo avança num argumento bem libertador. Em tom caloroso, ele nos lembra que todos, por mais importantes e estudados que sejam, são tolos. Ninguém está a salvo, nem mesmo o autor. Por mais estudado que fosse, Erasmo permaneceu tão tapado quanto qualquer um (ele insiste): seu julgamento é falho; suas paixões o comprometem; ele é alvo da superstição e do medo irracional; fica tímido sempre que tem de encontrar gente nova; derruba coisas em jantares elegantes. Isso é para se comemorar, porque significa que nossas próprias idiossincrasias repetidas não devem nos excluir das melhores companhias. Parecer um idiota, cometer gafes e fazer bizarrices de noite não nos tornam indignos de viver em sociedade; nos tornam um pouco mais como o maior estudioso do norte da Europa Renascentista.

Há uma mensagem animadora parecida a ser extraída da obra de Pieter Bruegel. Sua pintura *Provérbios neerlandeses* apresenta uma visão comicamente desencantada da natureza humana. Ele sugere que todo mundo é basicamente lesado: aqui está um homem jogando seu dinheiro no rio; aqui um soldado agachado na fogueira, queimando sua calça; alguém bate de propósito a cabeça num muro de tijolos, outro alguém morde um pilar. O importante é que a pintura não é um ataque a algumas pessoas terríveis e anormais: é um retrato de partes de todos nós.

As obras de Bruegel e Erasmo propõem que o caminho para uma maior confiança não é nos assegurarmos de nossa própria dignidade; é fazermos as pazes com nossa inevitável imbecilidade. Somos idiotas agora, fomos idiotas no passado e seremos idiotas novamente no futuro – e tudo bem. Não há nenhuma outra opção disponível para os seres humanos.

Ficamos tímidos quando nos permitimos a superexposição dos lados respeitáveis dos outros. As pessoas se esforçam muito para parecerem normais, criando coletivamente um fantasma que sugere que a normalidade pode ser possível, e isso é problemático para todos.

Quando aprendermos a nos vermos como já tolos por natureza, não vai importar tanto se fizermos mais uma coisa que pareça idiota. A pessoa que tentamos beijar pode de fato nos achar ridículos. O indivíduo a quem perguntamos o caminho numa cidade estrangeira pode nos olhar com desprezo. Mas se fizessem isso, não seria novidade para nós. Só estariam confirmando o que já aceitamos numa boa há muito tempo: que nós, como eles – e quase todo mundo do planeta –, somos uns tapados. O risco de tentar e fracassar teria seu peso em grande parte removido. O medo da humilhação não iria mais ficar à espreita nas sombras de nossas mentes. Ficaríamos livres para experimentar coisas, aceitando que o fracasso seria a norma. E com frequência, entre tantas recusas que imaginaríamos de antemão, daria certo; conseguiríamos um beijo, um amigo, um aumento de salário.

   O caminho para aumentar a confiança começa com o ritual de dizer a si mesmo solenemente toda manhã, antes de começar o dia, que se é um pamonha, um cretino, um babaca e um imbecil. Assim, mais algumas babaquices não vão importar tanto.

III
Síndrome de Impostor

Ao nos depararmos com desafios, frequentemente deixamos a possibilidade de sucesso aos outros, porque não nos vemos como o tipo de pessoa que vence. Quando contemplamos a ideia de adquirir responsabilidade ou prestígio, rapidamente nos convencemos de que somos "impostores", como um ator no papel de piloto, usando um uniforme e fazendo pronunciamentos animados da cabine, enquanto é incapaz até de dar partida.

A causa básica da síndrome de impostor é um retrato inútil de como as pessoas no topo da sociedade são de fato. Nós nos sentimos como impostores não porque temos defeitos singulares, mas porque não podemos imaginar quantos defeitos a elite pode ter por baixo de uma superfície mais ou menos envernizada.

A síndrome de impostor tem suas raízes na infância – especificamente na poderosa ideia que as crianças têm de que seus pais são muito diferentes delas. Para uma criança de quatro anos, é impossível compreender que sua mãe já teve sua idade e não sabia dirigir um carro, dizer ao encanador o que fazer, decidir a hora de dormir e viajar com colegas. O abismo no status parece absoluto e intransponível. As paixões de uma criança – pular no sofá, chocolate e desenho animado – não têm nada a ver com as de um adulto, que gosta de se sentar à mesa conversando por horas, bebendo cerveja com gosto de metal enferrujado. Começamos a vida com uma impressão bem forte de que as pessoas competentes e admiráveis não são nada como a gente.

Essa experiência de infância se encaixa com um traço básico da condição humana. Nós nos conhecemos por dentro, mas conhecemos o outro apenas por fora. Temos consciência de nossas ansiedades e dúvidas internas, ainda assim, o que sabemos do outro é o que ele acaba fazendo e nos dizendo – uma fonte de informação bem mais limitada e editada.

Com frequência somos levados a concluir que devemos estar na ponta mais bizarra e abjeta da natureza humana. Porém, de fato, estamos apenas deixando de imaginar que os outros são tão frágeis quanto nós. Sem saber o que incomoda ou derruba visivelmente as pessoas notáveis, podemos ter certeza de que existe algo. Podemos não saber exatamente o que elas lamentam, mas sempre haverá algum tipo de sentimento agonizante. Não podemos dizer exatamente que tipo de fetiche sexual as excita, mas sempre há algum. E sabemos disso porque vulnerabilidade e compulsões não podem ser maldições caídas apenas sobre nós; são traços universais do equipamento mental humano.

A solução para a síndrome de impostor está em dar o salto de fé crucial: que as mentes dos outros funcionam basicamente da mesma forma que a nossa. O outro pode ser tão ansioso, incerto e genioso quanto nós.

Tradicionalmente, ser um membro da aristocracia fornecia um atalho para o conhecimento sobre o verdadeiro caráter da elite, o que gerava confiança. Na Inglaterra do século 18, um almirante de esquadra pareceria bem impressionante para quem visse de fora (mais ou menos todo mundo), com seu uniforme esplêndido (chapéu adornado, montes de ouro) e milhares de subordinados para fazer suas vontades. Mas para um jovem conde ou marquês, que frequentasse os mesmos círculos sociais a vida toda, o almirante seria visto de forma bem diferente. Ele seria visto perdendo dinheiro no jogo de cartas do clube na noite anterior; saberiam que seu apelido quando menino era "Grudento", por causa de sua falta de jeito ao comer tortinhas de geleia; sua tia contaria a história da forma ridícula com que o almirante tentou pedir a irmã dela em casamento no Yew Walk; ele saberia que o almirante tinha dívidas com o avô, que o considerava um idiota. Pela convivência, o aristocrata teria consciência de que ser um almirante não era uma posição inatingível reservada aos deuses; era o tipo de coisa que o Grudento conseguiria.

A outra solução tradicional para a pouca confiança desse tipo vem do extremo oposto do espectro social: ser um criado. "Nenhum homem é um herói para seu valete", apontou o ensaísta francês do século 16 Montaigne – uma falta de respeito que às vezes pode se mostrar profundamente encorajadora, considerando o quanto nosso receio pode minar nossa vontade de rivalizar ou enfrentar nossos heróis. Grandes figuras públicas não são sempre tão impressionantes para aqueles que cuidam delas, que as veem bêbadas desde a manhã, examinam as manchas em suas roupas íntimas, escutam seus equívocos secretos sobre questões nas quais elas publicamente mantêm posições firmes e as testemunham chorando de vergonha com os erros estratégicos que oficialmente negam.

O valete e o aristocrata entendem de forma razoável e automática as limitações da autoridade da elite. Felizmente, não precisamos ser nenhum deles para nos liberarmos dos graus inibidores de respeito dos poderosos; a imaginação serve bem. Uma das tarefas que as obras de arte deveriam idealmente cumprir é nos levar de forma mais confiável para as mentes das pessoas que nos intimidam, e nos mostrar as experiências mais medianas, confusas e frenéticas que se desdobram dentro delas.

A solução para a
síndrome de impostor
está em dar o
salto de fé crucial.

Em outro ponto em seus ensaios de 1580, Montaigne informa, brincando com seus leitores num francês claro, que: "Reis e filósofos cagam, assim como as damas." A tese de Montaigne é que apesar de toda a evidência que existe sobre cagar, nós podemos não inferir que grandes pessoas tenham de se agachar numa privada. Nunca vemos sujeitos distintos fazendo isso – enquanto nós, é claro, estamos muito bem informados sobre nossas próprias atividades digestivas. Assim, criamos a ideia de que, por termos corpos brutos e às vezes desesperados, não podemos ser filósofos, reis ou damas; e que se nos colocarmos nesses papéis, seremos apenas impostores.

Com a orientação de Montaigne, somos convidados a seguir uma ideia mais sã do que as pessoas poderosas de fato são. Mas o verdadeiro alvo não é apenas uma baixa confiança sobre as funções corporais; é a timidez psicológica. Montaigne pode ter dito que reis, filósofos e damas são assolados por insegurança e sentimentos de inadequação, às vezes dão com a cara na porta e têm tesões esquisitos por membros de suas próprias famílias. Além disso, em vez de considerar apenas as grandes figuras da França do século 16, nós podemos atualizar os exemplos e citar os CEOs, advogados corporativos, apresentadores de telejornal e empreendedores de *startups* de sucesso. Eles também não conseguem lidar, sentem que podem ceder sob pressão e reveem certas decisões com vergonha e arrependimento. Assim como cagar, esses sentimentos pertencem a todos nós. Nossas fragilidades internas não nos impedem de fazer o que eles fazem. Se estivéssemos no papel deles, não seríamos impostores, simplesmente seríamos normais.

Dar um salto de fé sobre o que as outras pessoas são nos ajuda a humanizar o mundo. Sempre que encontramos um estranho, não estamos de fato encontrando tal pessoa; estamos encontrando alguém que basicamente é muito como a gente, apesar de as evidências superficiais dizerem o contrário. Portanto, não há nada de fundamental entre nós e a possibilidade de responsabilidade, sucesso e satisfação.

IV
Confiança no Sistema

Quando levamos nossas ideias para o mundo, não há resposta mais comum do que recebermos um "não" de volta.

Desenvolvemos uma proposta de trabalho que parece muito boa para nós. Fazemos pesquisa, juntamos opções estratégicas e passamos para um colega mais experiente que concorda em pensar um pouco sobre isso. Então, após seis semanas, volta uma mensagem: a firma agradece a sugestão, mas não levará o plano adiante. Não há explicação precisa, apenas uma visão geral: o momento não é oportuno; não se encaixa na política geral; não é o tipo de coisa certa para a equipe. Podemos ficar decepcionados, mas levamos os comentários para o lado pessoal. Nossas sugestões não eram mesmo tão boas. Talvez devamos tomar mais cuidado no futuro.

Ou talvez demos com uma ideia para um novo tipo de produto. Nos parece que pode haver um nicho significativo de mercado. Chamamos um coach empresarial e falamos sobre isso. Mas ele nos diz, com um grau notável de sarcasmo, que não vai funcionar. Ele usa óculos bem elegantes e já trabalhou com BMW e Google. Posteriormente, apagamos toda a apresentação de nosso laptop.

Ou, talvez por anos, fomos felizes usando nosso celular velhinho. Não é muito sofisticado, mas faz exatamente o que queremos. Infelizmente, esquecemos num trem. Na loja, eles não ajudam. Dizem que nosso modelo é absurdamente ultrapassado, equipado com um processador da Idade da Pedra e a resolução de pixels 960 × 540 da tela não responde bem a nenhum dos novos comandos de toque. Não há nada a fazer. Aceitamos a sugestão de um celular de que não gostamos tanto. Daí, algumas semanas depois, numa conferência, vemos alguém feliz usando exatamente o celular que queríamos.

Em situações grandes e pequenas, nós nos entregamos ao julgamento do Sistema, cuja força e invencibilidade tornam nossas esperanças fracas e descartáveis. As raízes de nossa baixa confiança são um nível tocante, porém altamente perigoso, de confiança no outro – um legado da época de nossas vidas em que aqueles que estavam no comando tinham nossos melhores interesses em mente e se empenhavam em cuidar de todas as nossas necessidades. Quando nossos pais diziam que não podíamos usar o computador em nosso quarto ou que não era aconselhável fazermos uma viagem da escola, podíamos confiar que eles não estavam apenas sendo malvados ou limitados; eles traziam as más notícias nascidas de uma benevolência madura.

Por tais experiências, pudemos desenvolver uma crença mais generalizada no bom coração daqueles que nos frustram. Sentimos que o gerente geral, o conselheiro de negócios ou o assistente de vendas são tão cuidadosos em seus julgamentos quanto nossas próprias famílias. Mas é claro que isso não pode ser verdade.

No final do período Clássico, à beira dos séculos 4 e 5 da Era Moderna, enquanto o Império Romano desabava no Ocidente, o filósofo cristão Santo Agostinho tentou descrever as falhas essenciais e inevitáveis de todos os sistemas humanos. Ele esboçou um contraste fundamental entre dois reinos. Um que chamava de Cidade de Deus, um ideal imaginado no qual as instituições podiam ser exatamente como gostaríamos que fossem: sábias, altruístas e benignas. Por outro lado, havia o que ele chamava de Cidade do Homem, um reino que descrevia as instituições como realmente eram: bem-intencionadas ocasionalmente, mas frequentemente preguiçosas, casuais, corruptas ou indiferentes.

O brilho sombrio do diagnóstico de Agostinho era sua convicção de que por natureza seria impossível para as instituições humanas corresponder às nossas esperanças. Elas nunca poderiam ser organizações sábias e gentis se apresentando como tais. Tais aspirações pertenciam ao que ele via como *pós-vida* – ou como podemos colocar agora de forma mais razoável, a *lugar nenhum*.

As crianças têm muita dificuldade em imaginar as vidas internas daqueles com autoridade. Uma criança de escola pode ficar muito intrigada em ver sua professora numa manhã de domingo numa loja ou correndo no parque. Em suas mentes, essa pessoa poderosa é única e exclusivamente "a professora". Sua vida toda gira em torno da sala e da grande mesa atrás da qual ela fica (a criança pensa). Ela não tem história; não pode ter sido uma criança em si; não tem problemas ou sonhos frustrados ou noites insones. Nossos seres infantis lutam para dar corpo à realidade da existência adulta.

Porém de forma ideal, a maturidade significa ir do mito de uma pessoa, por mais alto que seja seu status num sistema, ao total reconhecimento de sua humanidade. Nós finalmente conferimos ao outro uma apreciação estranha, porém válida, quando o aceitamos como uma versão da mesma criatura complexa e imperfeita que sabemos que somos. Pode parecer um desencanto, mas também é um veículo crucial para um futuro no qual a palavra "não" pareça um pouco menos imparcial e inquestionável.

Maturidade significa ir do mito de uma pessoa ao total reconhecimento de sua humanidade.

V
A História é Agora

Uma das coisas que separam gente confiante de gente insegura é sua visão de História. Falando de modo geral, o inseguro acredita que a História acabou; por outro lado, o confiante acredita que a História ainda está sendo feita – e possivelmente por ele mesmo.

A forma como entramos no mundo carrega em si uma inclinação inerente em direção a uma impressão de que a História está estabelecida. Tudo ao nosso redor conspira para transmitir uma noção de que o *status quo* está arraigado. Somos cercados por pessoas bem mais altas do que nós, que seguem tradições estabelecidas há décadas – séculos, até. Nossa compreensão de tempo privilegia muito mais o momento imediato. Para uma criança de cinco anos, o ano passado parece que foi há um século. A casa em que vivemos parece tão imutável quanto um templo antigo; a escola aonde vamos parece que está desempenhando os mesmos rituais desde que a Terra começou. Sempre nos dizem por que as coisas são como são, e somos encorajados a aceitar que a realidade não acontece de acordo com nossos desejos. Acabamos acreditando que os seres humanos mapearam totalmente o espectro do possível. Se algo não aconteceu, é porque não pode acontecer ou não deve acontecer.

O resultado é um receio profundo em imaginar alternativas. Não há sentido em começar um novo negócio (o mercado já deve estar saturado), ser pioneiro numa nova visão para as artes (tudo já está estabelecido num padrão), ou oferecer lealdade a uma nova ideia (ou já existe ou é loucura).

Porém quando estudamos História, o quadro muda drasticamente. Quando o tempo é acelerado e escalamos uma montanha de minutos para examinar os séculos, a mudança parece constante. Novos continentes são descobertos; formas alternativas de governar nações são criadas; ideias de como se vestir e quem venerar são transformadas. Outrora, as pessoas usavam mantos estranhos e trabalhavam a terra com instrumentos desajeitados. Há muito tempo eles cortavam a cabeça de reis. Lá atrás, as pessoas zanzavam por aí em navios frágeis, comiam olhos de cabra, usavam penicos e não sabiam como cuidar dos dentes.

Passamos por tudo isso sabendo, ao menos em teoria, que as coisas mudam, sim. Porém, na prática, e quase sem notar, costumamos nos distanciar, em nossas próprias sociedades, de uma crença do dia a dia de que pertencemos à mesma narrativa turbulenta em progresso e que somos, no presente, seus atores principais. Sentimos que a história é o que costumava acontecer; não pode estar acontecendo ao nosso redor, aqui e agora. Em nossas cercanias, ao menos, as coisas se estabeleceram.

Para atenuar essa insensibilidade à onipresença da mudança e por extensão a passividade que nasce daí, podemos recorrer a frases notáveis do ciclo de poemas de T. S. Eliot, *Quatro quartetos* (1943):

> *Então, enquanto a luz fraqueja*
> *Numa tarde de inverno, numa capela isolada*
> *A história é agora e na Inglaterra.*

Tardes de inverno por volta das quatro horas costumam parecer particularmente resolvidas e estabelecidas, especialmente nas silenciosas capelas do interior da Inglaterra, muitas das quais datam da Idade Média. O ar nessas capelas é parado e úmido. Os pisos de pedra dura foram lentamente gastos pelos pés dos fiéis. Pode haver um folheto anunciando um concerto em breve e uma caixa de doações tentando atrair nosso olhar. Sobre o altar, um vitral dos santos (Pedro e João, cada um segurando um cordeiro) reluz com a luz que baixa. Esses não são locais e momentos para se pensar na mudança do mundo; tudo sugere que seria mais inteligente aceitar as coisas como são, voltar para casa pelos campos, acender a lareira e se preparar para a noite. Assim, há a surpresa da terceira linha de Eliot, seu ressoante: "a história é agora e na Inglaterra."

Em outras palavras, tudo o que associamos com História – a ousadia impetuosa das grandes pessoas, as alterações dramáticas em valores, o questionamento revolucionário das crenças há muito mantidas, a virada na antiga ordem – ainda está acontecendo, neste momento mesmo, em lugares aparentemente pacíficos, imutáveis, como o campo perto de Shamley Green, em Surrey, onde Eliot escreveu o poema. Nós não vemos isso porque estamos perto demais. O mundo está sendo feito e refeito a cada instante. Portanto, qualquer um de nós tem uma chance teórica de ser um agente na História, numa escala grande ou pequena. Está aberto ao nosso próprio tempo construir uma nova cidade tão bela quanto Veneza; mudar ideias tão radicalmente quanto a Renascença; começar um movimento intelectual tão ressoante quanto o Budismo.

O presente tem toda a contingência do passado, e é tão maleável quanto. Não deveria nos intimidar. Como amamos, viajamos, contemplamos as artes, o governo, nos educamos, administramos negócios, envelhecemos e morremos, tudo está aberto a um novo desenvolvimento. Visões atuais podem parecer firmes, mas só porque nós exageramos sobre seu estabelecimento. A maioria do que existe é arbitrária, nem inevitável nem certo, simplesmente o resultado de desordem e acaso. Devemos ser confiantes, mesmo no crepúsculo em tardes de inverno, do nosso poder de nos juntarmos ao fluxo da História e, por mais modesto que seja, mudar seu rumo.

VI
Experiência

Uma das maiores fontes de desespero é a crença de que as coisas deveriam ser mais fáceis do que acabaram sendo. Desistimos não apenas porque os acontecimentos são difíceis, mas porque não esperávamos por isso. A luta é interpretada como uma prova de humilhação de que não temos o talento necessário para realizar nossos desejos. Ficamos retraídos e tímidos e acabamos nos rendendo, porque uma luta grande assim parece impossivelmente rara.

Portanto, a capacidade de permanecer confiante é em grande parte uma questão de ter internalizado a narrativa correta sobre quais dificuldades estamos propensos a encontrar. Infelizmente, as narrativas que temos em mãos são muito enganosas, por uma variedade de motivos. Somos cercados por histórias que conspiram para fazer o sucesso parecer mais fácil do que é, e que portanto, sem querer, acabam destruindo a confiança que podemos reunir ao nos depararmos com obstáculos.

Algumas das explicações para a preponderância de narrativas otimistas são benignas. Se contarmos a uma criança pequena o que espera por ela – a solidão, os relacionamentos turbulentos, os empregos desestimulantes –, ela pode se esconder e desistir. Preferimos ler as aventuras de um coelhinho travesso.

Em outras questões, os motivos pelo silêncio ao redor da dificuldade são levemente mais autoexplicáveis: nós tentamos impressionar os outros. O artista de sucesso ou hábil empreendedor se desdobram para disfarçar seus esforços e fazer sua obra parecer simples, natural e óbvia. "A arte consiste em esconder a arte", colocou o poeta romano Horácio.

O grande comediante de *stand-up* não revela o tempo gasto sofrendo com cada detalhe de sua apresentação. Ele não vai falar sobre as ansiedades do tipo se era melhor apresentar a última frase sentado, para passar uma impressão de passividade neutra, ou de pé, sugerindo uma energia incontida prestes a ser lançada; ou se era preferível usar a palavra "minúscula" ou simplesmente "beeeem pequenininha" como desfecho de uma piada. Para parecer que se está dizendo a primeira coisa que surge na cabeça, são necessárias décadas de ensaio.

Como clientes, nós pagamos para manter longe as notícias de luta e esforço. Não queremos ler os primeiros rascunhos do escritor; não queremos ouvir as dificuldades da empresa em estabelecer o hotel ou as reclamações do engenheiro sobre o sistema hidráulico. Queremos admirar a superfície encerada do artefato, sem lembrar dos circuitos emaranhados por baixo.

Mas chega um ponto quando migramos de consumidores para produtores, que começamos a pagar caro por nossa ignorância; o valor da confiança e do respeito próprio. Vemos nossos primeiros fracassos como uma prova de inaptidão conclusiva, mais do que estágios inevitáveis em todo caminho para o aperfeiçoamento. Sem um mapa de desenvolvimento preciso, não podemos nos posicionar devidamente em relação a nossas derrotas. Não vimos o suficiente dos rascunhos daqueles que admiramos, portanto, não podemos nos perdoar pelo horror de nossas primeiras tentativas.

Certas sociedades foram mais sábias do que a nossa em comunicar os desafios de todos os nobres esforços. Por exemplo, o antigo templo dedicado à deusa Afaia, na ilha grega de Egina, foi decorado com esculturas destinadas a retratar uma ideia bem precisa do que seria sua vida como guerreiro. Alguém tentaria te espetar com uma lança; a pessoa ao seu lado na tropa iria cair; você seria empurrado para trás, bateria a cabeça em sua própria espada e um determinado adversário provavelmente acertaria uma flecha nas suas costas enquanto você tentasse fugir.

Confiança não é a crença de que não vamos encontrar obstáculos: é o reconhecimento de que as dificuldades são uma parte inescapável de todas as contribuições que valem a pena.

Aqueles que encomendaram o templo estavam propositadamente preparando seu povo para as dificuldades da batalha, para que estivessem prontos quando entrassem em campo. Ao mesmo tempo, estavam honrando as vidas daqueles que ousaram passar por essas lutas titânicas. Os guerreiros mereciam prestígio, os construtores do templo diziam, porque a guerra nunca foi uma rota fácil para a glória. Era imperativo que essas estátuas não fossem escondidas, mas apresentadas no centro da cidade, para que fossem vistas em ocasiões sérias e importantes desde a juventude. Apesar de seus recursos limitados, as antigas comunidades gregas se esforçaram incrivelmente para se lembrar do que o trabalho mais prestigioso disponível de fato envolvia: isto é, muita dificuldade.

Em contraste, de forma imprudente, nós carecemos de relatos detalhados, honestos e pungentes sobre o que esperar em aspectos vitais de nossas vidas profissionais. Para aumentar nossa confiança, precisaríamos encontrar regularmente os equivalentes modernos às obras dos escultores clássicos: filmes, poemas, músicas e livros que representem as agonias apresentadas nas engrenagens nada glamorosas, mas altamente representativas, do capitalismo moderno; os centros de distribuição do mundo, secretarias de impostos, saguões de aeroporto, conferência de RH e retiros administrativos.

Os artistas que impulsionam confiança iriam nos mostrar, sem reservas ou timidez, o que há de fato numa vida de sucesso. Eles nos guiariam através das lágrimas que derramamos em cubículos de escritórios; as reuniões nas quais nossas ideias serão rejeitadas e nossas projeções frustradas; os artigos zombeteiros que leremos sobre nós mesmos nos jornais; as horas que vamos passar em quartos solitários de hotéis no exterior enquanto perdemos as peças escolares de nossos filhos; a noção de que nossas melhores ideias chegaram tarde demais; a incapacidade de dormir devido à preocupação e confusão.

Com isso, estaríamos melhor posicionados para encontrar nossas experiências eventuais contra um conjunto realista de expectativas. Nossos empecilhos tomariam um sentido diferente. Em vez de parecerem com evidências de nossas incapacidades, destruindo a confiança, nós prontamente os tomaríamos como prova de que estamos no caminho padrão do que admiramos. Interpretaríamos nossas preocupações, viradas e problemas como marcos inevitáveis, não aberrações ou avisos de fracasso.

Confiança não é a crença de que não vamos encontrar obstáculos: é o reconhecimento de que as dificuldades são uma parte inescapável de todas as contribuições que valem a pena. Precisamos garantir que temos muitas narrativas em mãos para normalizar o papel da dor, da ansiedade e da decepção, mesmo nas melhores e mais bem--sucedidas vidas.

VII
Morte

Há tanta coisa que adiamos no dia a dia: o relacionamento que, para o bem de ambos, seria melhor terminar; a nova pessoa que seria empolgante conhecer; a nova carreira que promete utilizar nossos mais profundos talentos; a casa com a bela vista para o mar. E ainda assim, não fazemos nada. Pode haver momentos angustiados de reconhecimento às três da manhã, mas à luz do dia nós enterramos nossos anseios e continuamos perdidos. Nos pegamos refletindo sobre as coisas interessantes que faremos quando nos aposentarmos. Deixamos a vida se esvair.

Nossa hesitação é baseada numa noção de risco. Cada movimento se apresenta a nós com perigos apavorantes. A nova casa pode não ser certa; a chance de carreira pode levar à ruína; o ser amado pode nos rejeitar; podemos nos arrepender de deixar o antigo relacionamento. Mas nossa falta de ação não deixa de ter um custo em si, porque à espreita, fora do receio consciente, há algo mais assustador do que o fracasso: a tragédia de desperdiçarmos nossas vidas.

Nós também ignoramos facilmente o fato mais idiota e mais profundo sobre nossa existência: que ela irá acabar. O fato brutal de nossa mortalidade parece tão pouco plausível que vivemos em termos práticos como imortais, como se sempre fôssemos ter a oportunidade de tratar de nossos anseios sufocados algum dia.

Haverá tempo no ano que vem, ou no outro. Mas ao alardear os perigos do fracasso ao agir, subestimamos a seriedade dos perigos que moram na passividade. Em comparação com o horror de nossa saída final, as dores e problemas de nossas ações mais destemidas e atos mais arriscados não parecem ser, ao final, tão aterrorizantes. Deveríamos aprender a ter um pouco mais de medo numa área e menos na outra.

Não é de se surpreender que nos debatamos com a ideia do tempo que ficaremos aqui. Inicialmente, a vida parece infinita. Aos sete, parece levar uma infinidade até o Natal. Aos onze, é quase impossível imaginar como será aos vinte e dois. Aos vinte e dois, trinta parece absurdamente remoto. O tempo faz um desserviço ao parecer tão longo, e acabar sendo tão curto. Em geral, as pessoas só pensam na ideia de mortalidade em alguns pontos selecionados de suas vidas. Fazer quarenta ou cinquenta anos pode trazer uma virada repentina de perspectivas. Entramos em pânico ou ficamos carrancudos.

Há algo mais assustador do que o fracasso: a tragédia de desperdiçarmos nossas vidas.

Compramos um carro novo ou um instrumento musical. Porém o que isso realmente indica é um fracasso dramático na antecipação. O aspecto extraordinário não é que estejamos morrendo, mas que a realidade da natureza da existência não se fixe o suficiente antes em nossos cérebros, num momento mais apropriado. Uma crise de meia-idade não é um despertar legítimo; é um sinal de ser vergonhosamente mal preparado.

Não deveríamos nunca ser despertados. Numa cultura ideal, nossa mortalidade seria sistematicamente pressionada sobre nós, desde a mais tenra idade. Haveria um dia específico a cada mês quando todo mundo participaria do velório de um estranho. Cada noticiário seria seguido de uma transmissão ao vivo de um asilo de velhinhos. A orientação vocacional começaria com uma breve reflexão sobre ataques cardíacos e cânceres do pâncreas. Teríamos monumentos bem melancólicos por nossas cidades (em estacionamentos de supermercado e ao redor de estádios de futebol): "Àqueles que desperdiçaram suas vidas." Preocupar-se com a vida seria tratado como uma característica admirável e importante. Com frequência você ouviria gente dizendo: "Gosto mesmo de Fulano, ele se preocupa tanto em não desperdiçar a vida."

Mesmo sem esse apoio ideal de toda a sociedade, há movimentos que podemos fazer para intensificar de forma útil nossa consciência sobre nossa própria duração limitada: devemos reunir nosso próprio repertório de lembretes, talvez um crânio, um conjunto de estatísticas do câncer ou uma ampliação do tipo de capilaridade que pode provocar um derrame.

Precisamos de encontros regulares fortes com lembretes de que há algo mais de que devemos ter muito mais medo do que da vergonha de segurar a mão de alguém ou o probleminha quando mudamos o foco de nossa graduação universitária.

VIII
Inimigos

Descobrir que alguém nos odeia profundamente, mesmo que não tenhamos feito nada ostensivamente para provocá-lo, pode ser uma das situações mais alarmantes com que nos deparamos. Num bar, depois do trabalho, podemos ouvir, através de uma terceira via malévola, que duas pessoas no escritório nos consideram arrogante e desrespeitoso e que, nos últimos meses, elas não perderam a chance de nos rebaixar pelas costas. Ou podemos saber que um amigo de um amigo, um professor sênior, tem fortes objeções sobre um texto nosso; chamou de "ingênuo" e "datado dos anos 70", e fez piadas sarcásticas às nossas custas numa conferência. Além do mais, por causa da tecnologia, agora temos consciência de uma ampla gama de inimigos potenciais espalhados pelo universo digital. Estamos sempre a poucos segundos de encontrar online as avaliações impiedosas, dirigidas diretamente, sobre tudo o que somos.

Para os pouco confiantes de nós, os inimigos são uma catástrofe. Em nossa maquiagem psicológica, a aprovação do mundo de fato sustenta nossa aprovação de nós mesmos. Consequentemente, quando os inimigos se agitam contra nós, perdemos fé não neles (eles continuam a exercer uma autoridade fascinante sobre nós), mas, de forma mais alarmante, em nós mesmos. Quando estamos com nossos amigos, podemos casualmente declarar ódio aos *haters* (e xingá-los com bravata), mas em particular, nos meses seguintes, simplesmente não podemos desprezar seus julgamentos, porque conferimos a eles um status logicamente anterior ao nosso próprio no fundo de nossas mentes. Suas objeções podem parecer insuportáveis, como um desconforto físico que não podemos corrigir, mas também não podemos rejeitá-los como injustificáveis. Em desespero, parece que não sabemos como seguir em frente, não apenas porque fomos chamados de idiotas ou egocêntricos, mas porque, como resultado, nós simplesmente devemos ser idiotas e egocêntricos.

O julgamento dos outros dá um passe livre para entrar em todos os cantos de nossas mentes. Não há ninguém controlando a fronteira entre eles e nós: os inimigos estão livres em nós, vagando louca e destrutivamente pelas cavernas de nossos seres internos, arrancando objetos das prateleiras e tirando sarro de tudo o que somos. Em nossa perturbação, podemos continuar voltando à ideia (que traz lágrimas aos nossos olhos) de que a situação é profundamente "injusta": não fizemos nada especialmente errado, nossas intenções são boas e nosso trabalho aceitável. Portanto, por que nosso nome foi jogado na lama e nossa reputação foi suja? Ou é porque somos mesmo idiotas (o que é uma verdade insuportável) ou porque não somos (nesse caso o ódio é um erro insuportável). O que for que esteja certo, não podemos apenas ir embora e seguir com nossas vidas. Nos sentimos compelidos a tomar alguma ação corretiva para limpar a mancha que nossos inimigos deixaram. No meio da noite, contemplamos uma gama de respostas: bravas, passivo-agressivas, autodestruidoras, charmosas, suplicantes... Nosso parceiro pode implorar para esquecermos isso e voltarmos para a cama. Não podemos: o inimigo se recusa a deixar nossa mente.

De onde vem tal falta de confiança em torno dos inimigos? Devemos, como sempre, começar com nossos pais e desenhar um retrato imaginário de tipos que poderiam involuntariamente criar tais mentalidades torturadas. Por mais amorosos que tenham sido esses pais, eles também provavelmente tinham um grande grau de confiança no sistema. Se a polícia estivesse investigando um dos amigos deles, o palpite seria que as autoridades estavam corretas em suas suspeitas. Quando leem um jornal, se leem uma crítica destrutiva de um livro, mesmo de um autor cuja obra eles já gostaram, pareceria evidente que o autor havia perdido seu talento e agora estava enganando o público. Se os pais fossem amigos de um arquiteto finalista de um grande prêmio, que então fosse concedido a outro, eles sentiriam que o amigo – cujas construções admiravam – devia ter menos talento em comparação com o vencedor, cujas estruturas sombrias assimétricas mereceriam uma nova olhada mais respeitosa.

Quando se trata de seus próprios filhos, esses pais destruidores de confiança teriam aplicado um método de julgamento similar: a questão do quanto e onde amar seria em grande parte determinada externamente. Se o mundo sentia que o bebê era adorável, ele provavelmente era, (e se não, então nem tanto). Posteriormente, se a criança ganhava um prêmio de matemática, era sinal não apenas de competência em álgebra, mas de ser uma pessoa muito mais digna de amor. Ao contrário, se o relatório da escola descreve a criança como um sonhador facilmente distraído, que parece que vai reprovar nos exames, isso poderia significar que a cria não merecia existir. A capacidade de amar a criança, aos olhos dos pais, aumenta e diminui de acordo com o respeito, interesse e aprovação do mundo.

Estar na extremidade de uma criação assim é um fardo pesado. Nós, que recebemos amor condicional, não temos opção além de trabalhar loucamente para satisfazer as condições definidas pelas expectativas dos pais e do mundo. O sucesso não é simplesmente um prêmio agradável com que nos deparamos quando curtimos uma matéria ou tarefa que nos interessa: é uma necessidade psicológica, algo que precisamos garantir para sentirmos que temos direito à vida. Não temos lembranças de afeto independente do sucesso, portanto, precisamos constantemente recarregar nossas baterias da fonte de energia externa do interesse vacilante e voluntário do mundo. Não é de se surpreender então que, quando os inimigos surgem no horizonte, nós logo nos metemos em encrenca, porque não temos habilidade de manter em mente o conceito de que eles podem estar errados e nós certos; de que nossas conquistas não são nosso ser, e que o fracasso de nossas ações não pressupõe o fracasso de tudo o que somos. Tornados indefesos por nossa criação, não temos fronteira entre o de fora e o de dentro. Estamos à mercê de basicamente todo mundo que decide nos odiar.

Contraste isso com a infância abençoada dos confiantes. Seus pais mantiveram uma relação vigorosamente cética com o sistema. O mundo às vezes podia estar certo, mas então, em ocasiões decisivas, podia estar grave e ofensivamente errado. Aos olhos deles, todos possuem sua própria capacidade de julgar. Não é porque a multidão está gritando que o acusado é culpado, ou vice-versa. O delegado, o crítico do *Times* ou o júri do Prêmio de Arquitetura Pritzker pode ser um idiota: isso acontece. Em seus papéis como pais, as mensagens que geram confiança não são menos generosas em seu ceticismo: "Você é amado pelo que você é, não pelo que faz. Você não é sempre admirável e nem fácil de se gostar, mas sempre merece afeto e uma caridade na interpretação. Não importa para mim se você acabar como presidente ou gari. Você sempre será algo mais importante: meu filho. Se eles não têm a sabedoria de serem bondosos, que se fodam!". Sem necessariamente pretenderem isso, os pais estabelecem uma voz apaziguadora que ainda toca continuamente nos recessos da mente, especialmente em momentos de grande desafio. É a voz do amor.

Não podemos voltar e mudar o passado que nos fez. Porém, ao entender a estrutura do que perdemos, podemos ao menos nos esforçar para integrar vozes mais saudáveis emocionalmente em nossos agitados interiores. O veredito do sistema nunca está totalmente errado, mas também não é mais do que ocasionalmente certo: as forças policiais se confundem; críticos redirecionam suas decepções em alvos inocentes; júris de prêmios sucumbem à onda da moda. O mundo não "sabe" de uma forma confiável. Não podemos mudar a presença de um inimigo, mas podemos mudar o que um inimigo significa para nós. Essas figuras podem mudar de serem agentes dedicados e imparciais da verdade sobre o direito de alguém existir, para serem (de forma mais sã) pessoas que têm uma opinião, provavelmente só um pouco certa, sobre algo que certa vez fizemos, e nunca sobre o que somos (isso é algo que decidimos).

Pânico por ter adquirido alguns inimigos pode ser um sintoma de uma confiança perigosa nos seres humanos como um todo. Tipos pouco confiantes trabalham com a suposição de que quase todo mundo que encontram será são, comedido, inteligente, criterioso e com autocontrole. Se, apesar desses atributos, certas pessoas ainda escrevem coisas horríveis online ou nos descrevem como babacas, os ataques simplesmente têm de ser verdade. Ainda assim, os mais robustos psicologicamente são salvos de suposições tão desanimadoras por uma habilidade bem útil: um feroz pessimismo. Eles assumem de antemão que a maioria das pessoas, até as grandiosas e supostamente inteligentes, é tomada de preconceito, acossada por motivos vis, capaz de picuinhas e maldades que se encaixam melhor num *playground* de jardim de infância. Elas mentem, difamam, projetam, dizem coisas para se sentirem melhores, são invejosas e inadequadas, cruéis e quase malignas.

Por que devemos nos surpreender e nos incomodar se algumas pessoas são más conosco, visto que a maldade é mais ou menos a verdade fundamental da natureza humana? O benefício de desconsiderar bastante os outros pode ser uma atitude apaziguadora em relação à maldade específica de uns poucos.

Armado com pensamentos sombrios, o confiante sabe que cada pessoa decente e interessante vai acumular uma fila de inimigos durante a vida. Seria impossível o contrário, dada a natureza humana. Os motivos específicos serão variados e de certa forma aleatórios: alguns desses inimigos vão atacar porque possuem um direito adquirido no *status quo* que desafiamos; alguns podem ser desconfortavelmente lembrados de suas próprias ambições renunciadas quando encontram nossas habilidades; alguns podem considerar nossas conquistas humilhantes para sua noção de merecimento; algumas pessoas podiam até querer ser nossos amigos ou namorados, mas ficaram rancorosas quando isso se mostrou impossível. Vamos ser constantemente alvos da raiva, mas não temos de acreditar que nós mesmos somos sua verdadeira causa.

No século 17, os holandeses desenvolveram uma tradição de pintar navios em tempestades violentas. Essas obras, penduradas em lares e prédios municipais ao redor da República da Holanda, não eram apenas decoração. Tinham um propósito terapêutico explícito: entregavam uma moral a quem as contemplava, que morava numa nação criticamente dependente do comércio marítimo, sobre confiança na navegação e na vida de forma mais ampla. A visão de um navio alto sendo jogado num ângulo de vinte graus num mar agitado parece uma catástrofe para uma pessoa inexperiente. Mas há muitas situações que parecem muito mais perigosas do que realmente são, especialmente quando a tripulação está preparada e o navio é firme por dentro.

Considere a obra de Ludolf Bakhuysen, *Navios de guerra numa grande tempestade*. A cena parece caótica ao extremo: como eles poderiam sobreviver? Mas os navios eram bem construídos para tais situações. Seus cascos eram minuciosamente adaptados pela longa experiência a suportarem as tempestades dos mares do norte. A tripulação praticava seguidamente manobras que pudessem manter suas embarcações a salvo: eles sabiam como abaixar as velas rapidamente e garantir que o vento não quebrasse o mastro. Eles compreendiam sobre cargas se movendo no casco, rumando para a esquerda e depois abruptamente para a direita, e sobre bombear água das câmaras internas. Sabiam como se manter friamente científicos ao responder aos movimentos determinados de uma tempestade frenética. O quadro presta homenagem a décadas de planejamento e experiência. Dá para imaginar os marinheiros mais velhos dizendo a um novato aterrorizado, com uma risada, que no ano anterior, saindo da costa de Jutland, houve uma tempestade ainda maior – e batendo em suas costas com uma brincadeira paternal, enquanto o jovem vomita no mar. Bakhuysen queria que sentíssemos orgulho da resiliência em face dos desafios aparentemente horrendos. Sua pintura nos passa a mensagem de que podemos todos lidar bem melhor do que pensamos; que o que parece tão ameaçador pode ser ultrapassado.

O que é verdade sobre as tempestades no Mar do Norte não é menos verdade sobre os inimigos no escritório. Suas agressões podem ser aterrorizantes, como ondas gigantes saindo de Den Helder, ainda assim – com hábil talento emocional e reorganização interna –, podem se mostrar bem administráveis. As tempestades não têm a ver mesmo com a gente, e nós podemos sobreviver a elas nos recusando a deixar os veredítos dos outros se tornarem nossos próprios. Devemos manter em mente uma distinção confiante entre o *hater* e o crítico, buscar corrigir nossos defeitos genuínos e perdoar os ventos esbravejantes que buscam nos punir por pressões que não têm nada a ver com a gente. As tempestades vão cessar, nós estaremos castigados, algumas coisas terão sido quebradas, mas acabaremos voltando para costas mais seguras – enquanto o sol se ergue sobre as torres de Alkmaar.

IX
Autossabotagem

É normal esperar que estaremos sempre buscando ativamente nossa própria felicidade, quase que por natureza, especialmente em duas grandes áreas de satisfação potencial: relacionamentos e carreira.

Portanto, é estranho e meio inquietante descobrir com que frequência muitos de nós agem como se quisessem destruir intencionalmente nossas chances de conseguir o que queremos. Quando temos encontros com pretendentes de que gostamos, podemos cair num comportamento desnecessariamente dogmático e antagonista. Quando estamos num relacionamento com alguém que amamos, podemos levá-lo à distração através de acusações repetidas e injustificadas e explosões de raiva, como se estivéssemos dispostos a trazer aquele dia triste em que o ser amado, quando frustrado e exausto, será forçado a ir embora, ainda solidário, mas incapaz de corresponder a nosso elevado grau de suspeita e drama.

De forma similar, podemos acabar destruindo nossas chances de uma grande promoção no trabalho quando, logo após fazer uma apresentação particularmente convincente para o conselho, ficamos estranhamente estridentes com o CEO ou bêbados e nos queimamos num jantar crucial com um cliente.

Tais comportamentos não podem ser creditados a mero azar. Eles merecem um termo mais forte e intencional: autossabotagem. Estamos bem familiarizados com o medo do fracasso, mas parece que o sucesso pode às vezes trazer tantas ansiedades quanto, o que pode acabar culminando num desejo de minar nossas chances numa aposta, para restaurar nossa paz de espírito.

O que poderia explicar essa desconfiança do sucesso? Em certos casos, um desejo inconsciente de proteger aqueles que nos amam, particularmente aqueles que cuidaram de nós na infância, de uma sensação de inveja e inadequação que pode ser acionada por nossas conquistas. O belo novo namorado ou a promoção para um cargo alto pode se mostrar silenciosamente devastador àqueles ao nosso redor, fazendo-os se perguntarem sobre o quão pouco eles conquistaram em comparação, e temer que não sejam mais considerados bons o suficiente para merecerem nossa companhia.

Pode ser esquisito aceitar que aqueles que nos amaram quando crianças poderiam nutrir sentimentos invejosos em relação a nós, especialmente quando eles podem ser dedicados a nós de outras formas. Ainda assim, esses cuidadores podem, do mesmo modo, estar carregando uma camada particular de arrependimento dentro deles, sobre o curso de suas próprias vidas e medos presentes de serem deixados de lado e vistos como desimportantes para os outros, mesmo seus próprios filhos. Enquanto crescemos, pode haver lembretes sintomáticos sobre não sonhar grande demais e não nos esquecermos de onde viemos, apelos disfarçados para que não os esqueçamos ou os desprezemos. Podemos terminar num dilema: o sucesso pelo qual ansiamos ameaça ferir os sentimentos daqueles que amamos.

Quando descobrimos esse impasse, a solução é não nos sabotarmos; é nos tornarmos profundamente generosos e proativos ao redor dos verdadeiros motivos pelos quais nossos responsáveis podem ter terminado tão apreensivos com nossas conquistas. Devemos reconhecer que esses responsáveis não têm tanto medo de nosso sucesso quanto têm medo de serem abandonados e lembrados de suas próprias inadequações. Portanto, a tarefa não é arruinar nossas chances, é tentar assegurar nossos nervosos companheiros de nossa lealdade essencial e de seu valor primordial.

Um segundo tipo comum de autossabotador é aquele que acha o preço da esperança alto demais para se pagar. Quando somos mais jovens, podemos ser expostos a decepções excepcionalmente brutais e numa época em que somos frágeis demais para suportá-las. Talvez esperássemos que nossos pais ficassem juntos e eles não ficaram. Ou que nosso pai fosse voltar de outro país e ficar. Talvez ousamos amar alguém e, após algumas semanas de felicidade, esse alguém rapidamente mudou de opinião de forma estranha, e tirou sarro da gente na frente dos outros. Em algum lugar de nossas personalidades, uma associação profunda foi forjada entre esperança e perigo, junto a uma preferência correspondente de viver silenciosamente com decepção do que mais livremente com esperança.

A solução é nos lembramos de que, apesar de nossos medos, podemos sobreviver à perda da esperança. Não somos mais aqueles que sofreram as decepções responsáveis por nossa timidez atual. As condições que forjaram nossa cautela não são mais aquelas da realidade adulta. A mente inconsciente pode, como costume, estar lendo o presente através das lentes das décadas passadas, mas o que tememos que irá acontecer de fato já aconteceu; estamos projetando no futuro uma catástrofe do passado que não tivemos a chance de suportar e superar de forma adequada.

Além disso, o que distingue fundamentalmente a idade adulta da infância é que o adulto tem acesso a muitas outras fontes de esperança do que a criança. Podemos sobreviver a uma decepção aqui e ali, porque não habitamos mais um território fechado, restrito pela família, pela vizinhança e pela escola. Podemos usar o mundo todo como um pomar no qual nutrimos uma diversidade de esperanças que sempre irão desnudar a inevitável, ainda assim apenas ocasional e suportável, decepção.

Por fim, podemos destruir o sucesso pela modéstia: pela noção de que não podemos merecer realmente a recompensa que recebemos. Podemos tentar avaliar nosso novo emprego ou novo amor sob a luz de todos os nossos aspectos que sabemos não serem nada perfeitos – nossa preguiça, covardia, estupidez e imaturidade –, e concluímos que deve haver um erro e que, portanto, precisamos devolver nossos presentes a quem merece mais. Mas isso é entender errado, ainda que de forma solidária, o caminho que leva ao sucesso e à dor. O universo não distribui seus presentes e horrores com precisão divina no conhecimento do bom e ruim dentro de cada um de nós. A maioria do que ganhamos não é tão merecido, assim como a maioria do que sofremos. Clínicas de câncer não estão lotadas dos tipos mais perversos.

Quando nos sentimos oprimidos por uma noção de não merecer nossas benesses, precisamos apenas nos lembrar de que logo também não mere-

Apesar de nossos medos, podemos sobreviver à perda da esperança.

ceremos nossos males. Nossas doenças, fracassos públicos e abandonos amorosos serão tão pouco merecidos quanto nossas belezas, elevações e namorados agora podem ser. Não devemos nos preocupar tanto com um ganho, nem reclamar tanto com uma perda. Devemos aceitar desde o começo, com graça e uma premonição sombria, a pura aleatoriedade e amoralidade do destino.

Pode ser útil manter o conceito de autossabotagem em mente quando interpretamos as nossas peculiaridades e a dos outros. Deveríamos começar a desconfiar quando nos encontramos de forma instável ao redor de gente de que no fundo gostamos muito ou precisamos impressionar.

Além disso, em face de certos tipos de perversidades e falta de lealdade nos outros, devemos ousar imaginar que as coisas não são bem o que parecem; podemos ter em mente não um oponente malévolo, mas um autossabotador muito magoado, que antes de tudo merece um pouco de paciência e deve ser gentilmente persuadido a deixar de se fazer mal.

Devemos aceitar, e ajudar os outros a verem, o quão difícil e inquietante pode ser se aproximar das coisas que realmente queremos.

x
Confiança na Confiança

Apesar de supormos que, como todo mundo, precisamos ser confiantes, podemos nutrir desconfianças particulares de que a confiança é de fato um estado de espírito repulsivo. Sem perceber totalmente, podemos achar a ideia de ser totalmente confiante estranhamente ofensiva, e em segredo permanecermos presos à hesitação e à modéstia.

Podemos ter um orgulhozinho escondido no fato de que não somos o tipo que reclama num restaurante. Não fazemos grande caso do nosso salário. Não pedimos a nossos amigos que rearranjem suas férias para o nosso bem. Não tocamos nossa música alto. Nossa humildade nos protege de algumas associações profundamente desestimulantes sobre distinção própria. Essas podem ter sido forjadas cedo em nossas vidas na presença daqueles que foram ao mesmo tempo muito desagradáveis e bem certos de seus direitos de existirem. Eles podem ter sido terrivelmente exigentes, impacientes, desdenhosos e insolentes. Podem ter gritado ao serem atendidos e batido o telefone na cara de pessoas que não achavam que não os respeitavam o suficiente. Podemos ter começado a pensar que é assim que as pessoas tiveram de se comportar para ter sucesso na vida e que, se esse é o caso, que o sucesso evidente não seria para nós.

Não devemos esquecer que a suspeita na confiança tradicionalmente recebeu um enorme apoio cultural. O cristianismo, por séculos a maior influência na mentalidade do Ocidente, foi altamente cético sobre aqueles que se achavam demais. Enquanto os humildes recebiam os favores divinos, os arrogantes seriam os últimos a entrar no Reino dos Céus. A teoria política de Karl Marx (1818-1883) acrescentou a esse argumento teorias que aparentemente provavam que o sucesso econômico sempre era baseado na exploração do outro. Não é de se espantar que pareça assim se, para sermos cidadãos morais, devemos ficar longe de todas as afirmações insistentes demais sobre nossos próprios interesses.

Ainda assim, essa atitude também pode trazer perigos. Pode nos faltar a confiança para não sermos cruéis e promovermos a idiotice, para lutar pela bondade e sabedoria. Nossa falta de confiança na confiança também pode favorecer visões degradadas de autoafirmação.

Nossa atitude também pode ser injusta. Nossa visão negativa da confiança pode ser muito dependente dos percalços de nossas próprias histórias, no tipo de gente confiante que conhecemos, que não eram seus melhores e mais confiáveis representantes. Nosso verdadeiro problema pode não ser tanto a confiança quanto uma falta de outras virtudes, como educação, charme, perspicácia e generosidade. Podemos estar diagnosticando errado a raiz de nossas próprias objeções. Pode haver pouca gente com risco de se tornar fanfarrona, ensimesmada e convencida. Mas a confiança é em sua essência totalmente compatível com a permanência da sensibilidade, bondade, perspicácia e educação. Pode ser a rispidez o que odiamos, não a confiança.

Além do mais, nossa atração pela humildade pode mascarar ressentimentos covardes contra a autoafirmação. Podemos não tanto admirar a timidez quanto temer a confiança. Foi esse tipo de engano autoprotetor que particularmente fascinava o filósofo alemão Nietzsche (1844-1900). Ele o considerava um erro típico de muitos cristãos, que podiam se orgulhar de seus "perdões", enquanto que na realidade simplesmente tentavam desculpar sua "incapacidade de se vingar". Devemos tomar cuidado para não tratar nossas deficiências de base como virtudes divinas.

Infelizmente, não é suficiente ser bom, interessante, inteligente e sábio por dentro: precisamos desenvolver a habilidade que nos permite ativar nossos talentos no mundo lá fora. Confiança é o que traduz teoria na prática. Nunca deve ser vista como um inimigo das boas coisas; é seu catalisador crucial e legítimo. Devemos nos permitir desenvolver confiança na confiança.

Confiança é
o que traduz teoria
na prática.

The School of Life

Dedica-se a desenvolver a inteligência emocional – acreditamos que vários dos nossos problemas mais persistentes são gerados por uma falta de autocompreensão, compaixão e comunicação. Operamos a partir de dez campi físicos ao redor do mundo, incluindo Londres, Amsterdã, Seul e Melbourne. Produzimos filmes, damos aulas, oferecemos terapias e elaboramos diversos produtos psicológicos. A The School of Life Press publica livros a respeito dos assuntos mais importantes da nossa vida emocional. Nossos títulos foram desenvolvidos para entreter, educar, consolar e transformar.

© The School of Life, 2017
© Editora nós, 2022

DIREÇÃO EDITORIAL
Simone Paulino [Editora Nós]
Jackie de Botton [The School of Life Brazil]
Diana Gabanyi [The School of Life Brazil]
PROJETO GRÁFICO
Bloco Gráfico
ASSISTENTE DE DESIGN
Stephanie Y. Shu
PREPARAÇÃO E REVISÃO
Alex Sens
PRODUÇÃO GRÁFICA
Marina Ambrasas

*Texto atualizado segundo o novo
Acordo Ortográfico da Língua Portuguesa.*

Editora Nós
www.editoranos.com.br

The School of Life Brazil
www.theschooloflife.com/saopaulo

Dados Internacionais de Catalogação na Publicação (CIP)
de acordo com ISBD

T374c | The School of life
Confiança The School of life
São Paulo: Editora Nós, 2022
80 pp.

ISBN: 978-65-86135-63-3

1. Literatura. 2. Ensaio. II. Título.
2022-852   CDD 808.84   CDU 82-4

Elaborado por Odilio Hilario Moreira Junior, CRB-8/9949

Índice para catálogo sistemático:
1. Literatura: Ensaio 808.84
2. Literatura: Ensaio 82-4

FONTE
Silva Text
PAPEL
Pólen soft 80 g/m²
IMPRESSÃO
Margraf